• 과학 교과서 관련 •

3학년 1학기
2. 동물의 생활

3학년 1학기
4. 생물의 한살이

글 서지원

한양대학교를 졸업하고 《문학과 비평》에 소설로 등단해, 지식과 교양을 유쾌한 입담과 기발한 상상력으로 전하는 이야기꾼입니다. 지식 탐구 능력과 창의적인 문제 해결 능력을 스토리텔링으로 풀어낸 책 300여 종 중에서 중국, 대만 등에 수십 종의 책이 수출되었고, 서울시 올해의 책, 원주시 올해의 책, 문화체육관광부와 한국도서관협회가 뽑은 우수문학도서 등에 선정되었습니다. 초등 수학 교과서를 집필했고, 4학년 2학기 국어 교과서에 동화가 수록되었습니다. 현재 초등 교과서 집필진입니다. 쓴 책으로는
《빨간 내복의 초능력자 (시즌 1~2)》, 《마지막 수학전사 1~5》 등이 있습니다.

그림 이진아

'십만원영화제'의 포스터 디자인을 시작으로 여성영화제, 인디다큐페스티발, 인디애니페스트 등 다양한 문화제와 영화제의 포스터를 그렸습니다. 그 밖에도 프리랜서 일러스트레이터로 다양한 작업을 하고 있습니다.
그린 책으로는 《생각이 크는 인문학》 시리즈, 《그릉 그릉 그릉》, 《나쁜 고양이는 없다》, 《빨간 내복의 초능력자 (시즌 1~2)》, 《산이 부른다 1, 2》 등이 있습니다. 작가의 인스타를 방문하면 더 다양하고 재미있는 일상툰을 만날 수 있습니다.
www.instagram.com/altodito

감수 와이즈만 영재교육연구소

창의 영재수학과 창의 영재과학 교재 및 프로그램을 개발했습니다. 구성주의 이론에 입각한 교수학습 이론과 창의성 이론 및 선진 교육 이론 연구 등에도 전념하고 있습니다. 국내 최고의 사설 영재교육 기관인 와이즈만 영재교육에 교육 콘텐츠를 제공하고 교사 교육을 담당하고 있습니다.

빨간 내복의 코딱지히어로

콧딱지히어로
❸ 각양각색 동물의 분류

1판 1쇄 발행 2024년 1월 2일 | 1판 2쇄 발행 2025년 10월 10일

서지원 글 | 이진아 그림 | 와이즈만 영재교육연구소 감수

발행처 와이즈만 BOOKs | **발행인** 염만숙
출판사업본부장 김현정 | **편집** 김예지 양다운 이지웅
디자인 윤현이 | **마케팅** 강윤현 백미영 장하라

출판등록 1998년 7월 23일 제 1998-000170 | **제조국** 대한민국
주소 서울특별시 서초구 남부순환로 2219 나노빌딩 5층
전화 마케팅 02-2033-8987 | 편집 02-2033-8983 | 팩스 02-3474-1411 **전자우편** books@askwhy.co.kr | **홈페이지** mindalive.co.kr | **사용 연령** 8세 이상

ISBN 979-11-92936-22-2 74400
       979-11-90744-96-6 (세트)

ⓒ 2024 서지원 이진아
이 책의 저작권은 서지원 이진아에게 있습니다.
저자와 출판사의 허락 없이 내용의 일부를 인용하거나 발췌하는 것을 금합니다.
잘못된 책은 구입처에서 바꿔드립니다.

• 와이즈만 BOOKs는 (주)창의와탐구의 출판 브랜드입니다.

초능력 과학동화

빨간 내복의 코딱지히어로

서지원 글 | 이진아 그림 | 와이즈만 영재교육연구소 감수

3 각양각색 동물의 분류

과학을 맛있게 즐기는 방법, 호기심 가득한 눈으로 세상을 봐요!

과학을 무척 좋아하는 어린이 친구가 있었어요. 하지만 학년이 올라가면서 과학과 점점 멀어지게 되었어요. 그리고 한숨을 쉬며 말했어요.

"과학은 신기하고 재미있는 놀이인줄 알았는데, 과학 수업 시간만 되면 뇌가 돌로 변하는 것 같아요. 어려운 과학 용어만 봐도 생각이 멈춰 버려요."

어렵기만 한 과학을 포기해야 할까요? 과학이 어렵게 느껴지는 건 본격적으로 과학 수업 내용에서 '암기'가 시작되는 순간부터일 거예요. 그렇다면 과학의 즐거움을 되찾을 방법은 없을까요?

과학 공부는 교과서로만 하는 게 아니에요. 우리 주변에 어디든 과학 원리가 녹아 있고, 과학 정보가 생생하게 살아 숨 쉬고 있지요. 과학과 친해지는 첫걸음은 우리 주변을 살펴보는 것에서 시작된답니다. 호기심 가득한 눈으로 세상을 바라보는 것이 바로 '관찰'이니까요. 하지만 관찰만으로는 우리의 호기심을 모두 채우지 못할 거예요. 그래서 경험이 필요하지요. 이렇게 세상을 경험하는 과정이 '실험'이랍니다. 관찰과 실험을 통해 과학적 사고력과 탐구력이 쑥쑥 자라게 될 거예요.

그리고 한 가지 더, 과학의 재미를 더해 줄 특별한 친구를 소개해 줄게요. 바로 '빨간 내복의 코딱지 히어로'랍니다. 코딱지 히어로 나유식은 실험과 관찰이 빠진 과학은, '팥이 없는 붕어빵'이라고 할 정도로 관찰과 실험을 좋아해요.

"과학은 암기가 아니야. 과학을 즐기려면 실험과 관찰을 해야 해."

우리 주변엔 수많은 동물이 살고 있어요. 땅에 사는 동물도 있고, 하늘에 사는 동물이나 물에 사는 동물도 있죠. 이렇게 사는 곳으로 분류할 수도 있지만, 다른 기준으로 동물을 분류하기도 해요. 각양각색 동물을 어떻게 분류할 수 있을지 알아볼까요?

유식이와 함께 호기심 가득한 눈으로 세상을 바라보고 미스터리한 사건을 해결해 보세요. 그러는 동안 자연스레 과학의 원리까지도 깨닫게 될 거예요. 그럼 모두 초능력자가 될 준비가 되었나요? 이제 악당을 잡으러 출동해 볼까요?

서지원

등장인물

나 나유식은 어느 날 별똥별을 주우면서 초능력이 생겼다. 신기하게도 과학 지식을 하나씩 깨달아 갈 때마다 초능력은 늘어 갔다. 그때 난 결심했다. 초능력을 키워 지구를 구하는 슈퍼 히어로가 되겠다고 말이다. 물론 아직은 코딱지 히어로일 뿐이다. 고작 동네를 지키는 히어로는 시시하다고? 과연 그럴까? 기대해도 좋을걸? 기상천외한 모험과 스펙터클 액션이 펼쳐질 거란 말씀!

나유식

내 이름은 나유식, 별명은 너무식. 칭찬이라곤 받아 본 적 없는 말썽쟁이야. 하지만 내가 피운 말썽은 호기심 때문이라고. 난 호기심이 지독하게 많거든. 이건 비밀인데 사실 나는 아는 게 되게 많아. 단지 내가 알고 있는 것 교과서에 나오지 않아서 억울할 뿐이야.

빨간 내복의 코딱지 히어로

어느 날 하늘에서 떨어진 코딱지만 한 별똥별을 콧구멍 속에 넣은 후부터 초능력자가 되었어. 지금은 비록 우리 동네의 안전과 평화를 지키는 코딱지 히어로일 뿐이지만 언젠가 지구를 구하는 차세대 슈퍼 히어로가 될 몸이야. 사람들은 내 정체를 궁금해해. 너희도 궁금하다고? 나야 나, 나유식!

사이언스 패밀리

우리 가족은 과학으로 똘똘 뭉쳐 있어. 아빠는 발명가의 꿈을 키워 나가는 가전제품 회사의 연구원이자 유튜버지. 엄마는 고등학교 과학 선생님이야. 그리고 이건 정말 신기한 일인데, 우리 누나는 전교 1등이야. 과학 영재라나 뭐라나.

아빠 엄마 누나

공자

나와 제일 친한 친구야. 공자의 이름은 '공부를 잘하자'의 줄임말이래. 하지만 공자는 나만큼 공부를 못해. 공자에게서는 늘 좋은 냄새가 나. 바로 짜장면 냄새! 공자네 집은 중국집을 하거든. 공자네 짜장면은 세상에서 제일 맛있어.

송희주

희주는 웃는 얼굴이 예쁘고, 웃음소리가 재미있어. 그리고 똑똑해서 희주가 하는 말에는 늘 귀 기울이게 돼. 그래, 맞아. 나는 희주를 좋아해! 이건 제일 친한 친구 공자에게도 말하지 못한 비밀이야. 너희만 알고 있어야 해!

　내 이름은 나유식. 친구들은 나를 너무식이라고 부른다. 하지만 나는 절대로 무식한 게 아니다. 다만 내가 알고 있는 것이 교과서에 나오지 않아 아쉬울 뿐. 참! 아직까지 가족도 친구들도 나의 정체를 모른다.

　왜 하필 코딱지냐고? 코딱지만 한 별똥별을 콧구멍에 넣고 난 뒤로 초능력자가 되었기 때문이다. 코딱지만 한 히어로지만 능력만큼은 상상 초월의 수준이니 기대해도 좋다.

원래 히어로란 고독한 법이니까.

히어로에게는 때때로 시련이 찾아오는 법. 아이언맨, 스파이더맨…… 내가 좋아하는 모든 히어로들은 위기를 겪고 나서 더 강력해지고 멋있어졌다. 이를 극복해야 더 멋진 히어로가 될 수 있다.

그리고 오늘도 나에게 시련이 닥쳤는데…….

하지만 지금 이 순간 시험 문제의 답을 찾는 초능력은…… 무리였던 것 같다.
'왜 하필 이럴 때 안 되는 거야.'

과학

3학년 3반   이름: 나유식

1. 동물을 분류하는 기준으로 옳지 <u>않은</u> 것을 고르세요. (   )

   ① 날개가 있는 것과 날개가 없는 것

   ② 키가 큰 것과 키가 작은 것

   ③ 알을 낳는 것과 새끼를 낳는 것

   ④ 지느러미가 있는 것과 지느러미가 없는 것

2. 지원이는 금붕어를 관찰하고, 관찰 기록장에 그 내용을 남겼어요.
   관찰 기록장 내용 중 옳지 <u>않은</u> 것을 고르세요. (   )

동물 이름	붕어	날짜	5월 10일	장소	과학실
관찰 내용			① 몸이 붉은색을 띠며 비늘로 덮여 있다. ② 몸통과 꼬리에 지느러미가 있다. ③ 머리 양쪽에 아가미가 있다. ④ 눈꺼풀이 있어 눈동자가 보이지 않는다.		

사실 며칠 전 아빠는 시험을 앞두고 게임만 하는 나에게 일종의 거래를 제안했다.

물론 나는 다른 아이들처럼 '공부'를 한 건 아니다. 조금 특별하고 새로운 방법으로 시험을 준비했다. 그것은 바로 초능력! 하지만 연습이 부족했나 보다.

친구들은 아쉬워하는 나를 위로해 주었다. 물론 어떤 위로도 내 귀에 들어오지 않았다.

다음 날에 선생님이 시험 문제를 풀이해 주셨다. 에 선생님은 안경을 쓰고 있으면서도 안경을 찾을 정도로 건망증이 심하시다. 하지만 시험 문제라면 토씨 하나 빠뜨리지 않고 줄줄 말씀하신다. 참 신기한 일이다.

에, 2번 문제의 정답은 ④야.
에, 금붕어의 눈에는 눈꺼풀이 없어서 항상 눈을 뜨고 있고, 시야 각도가 180도로 넓단다.
에, 또 금붕어는 몸 형태가 부드러운 유선형이지.

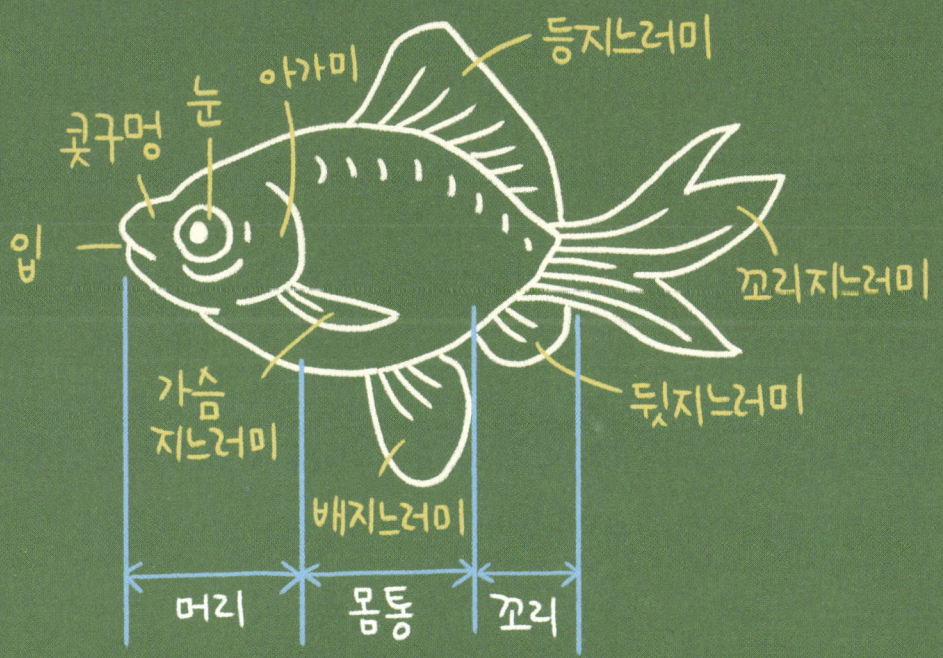

결과를 받아들일 준비가 아직 안 되었는데 게임기가 저 멀리 나를 떠나가고 있었다.

에, 이번 시험에서 30점을 넘기지 못한 영광의 주인공들을 발표하겠다! 모두가 예상한 대로

김치곤은 자기 이름이 불리자마자 그만 울음을 터뜨렸다. 반 아이들도 놀라 수군거렸다.

에, 치곤아. 선생님도 좀 놀랐어.
이번 시험이 어려웠나 보구나.
다시 열심히 해 보자.

으아아앙~

한참을 목 놓아 울던 김치곤이 숨을 고르고는, 믿을 수 없는 이야기를 털어놓기 시작했다. 반 아이들은 모두 놀라 아무 말도 할 수 없었다.

저요, 인어의 저주에 걸린 게 분명해요.
가족들이랑 몽글몽글 동물 농장에 갔다가 인어를 봤는데요.
인어와 눈이 마주치면 저주에 걸리니 절대로 보면 안 된다고 했는데,
너무 궁금해서 눈을 봐 버렸어요.
그러고 나서 모든 기억이 사라졌어요.

짝짓기 퀴즈

동물은 등뼈를 가졌는지 아닌지에 따라 척추동물과 무척추동물로 나뉘어요. 다음 척추동물의 종류와 특징을 올바르게 짝지어 보세요.

포유류  • • 몸이 털로 싸여 있다. 새끼를 젖을 먹여 기른다.

조류  • • 몸이 딱딱한 방수성 비늘로 싸여 있다.

어류 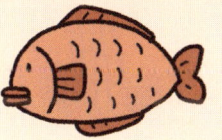 • • 몸이 깃털로 덮여 있고, 날개가 있다.

양서류  • • 아가미로 호흡하고 알을 낳는다.

파충류  • • 새끼 때는 아가미로, 자란 뒤엔 허파와 피부로 호흡한다.

참고로 불가사리, 조개, 지렁이 등이 무척추동물이야.

그때 공자가 날카로운 질문을 던졌다.

김치곤은 우리를 기억하고 있었다. 과학 공부를 했던 기억만 사라졌다고 했다. 뭐, 조금 이상하긴 했지만 다행이었다.

김치곤의 말에 교실 전체가 술렁였다. 에 선생님은 큰 기침을 몇 번 하고는 소란한 분위기를 가라앉히려고 애를 쓰셨다. 좀처럼 소란이 가라앉지 않자 선생님이 큰 소리로 말씀하셨다.

과학 공부를 한 기억이 사라진 김치곤은 발표에도 흥미를 잃었나 보다. 발표를 좋아하는 치곤이 가만히 있으니 아무도 손을 들지 않았다. 아무래도 히어로인 내가 나서야 할 것 같다.

초능력 수첩

유식이는 알을 낳는 동물 중 '닭의 한살이'에 대해 정리하였어요. 빈칸에 들어갈 낱말을 채워 주세요.

알에서 ❶[　　]한 ❷[　　]가 먹이를 먹으며 성장해 닭이 되고, 암탉과 수탉은 ❸[　　]하여 다시 알을 낳는다.

❶부화 ❷병아리 ❸짝짓기

이곳은 우리의 비밀 기지! 우리는 학교가 끝나면 자연스럽게 여기로 오곤 한다. 그래서 요즘 초능력이 제대로 안 되나 보다. 애들이랑 시도 때도 없이 붙어 다니는 통에 연습을 제대로 못하니, 잘 될 리가 있나.

"그런데 김치곤이 좀 안됐네. 인어의 저주로 기억을 잃다니……. 인어의 저주를 풀 방법은 없을까?"

나는 김치곤이 마음에 걸렸다. 가끔 얄미울 때도 있지만 김치곤은 우리 반 친구이다.

우리는 인어를 어떻게 찾을지 머리를 맞대고 고민했다. 그러다 인어가 있다는 '몽글몽글 동물 농장'이 스쳐 지나갔다.

몽글몽글 동물 농장은 우리 동네 아이들에게 정말 유명한 곳이다. 온갖 동물들을 다 만날 수 있기 때문이다. 귀여운 라쿤과 강아지들이 반겨 주고, 뱀이나 도롱뇽처럼 신기한 동물들과 사진도 찍을 수 있다. 게다가 토끼와 양들에게 먹이를 주는 체험 활동도 할 수 있다.

나는 희주와 공자에게 몽글몽글 동물 농장부터 가 보자고 했다.

희주는 몽글몽글 동물 농장 홈페이지를 살펴보다가 뭔가를 발견하고는 크게 소리쳤다.

 얘들아, 농장에서 연락이 왔어! 우리 모두 몽그리 활동을 할 수 있어!

 와, 잘됐다! 그럼 곧 인어를 만나는 거야?

 그건 아직 모르지. 하지만 농장을 살펴볼 좋은 기회야.

 앞으로 주말마다 농장에서 동물을 돌보게 될 거야. 토요일 10시까지 농장으로 가야 해.

 기대되는군. 흐흐흐.

 참 이것 좀 봐, 얘들아. 여기 블로그에 수상한 내용이 있어!

인어와 만난 썰 푼다!
mermaid_blog.hero.com

 오, 확인해 볼게.

 이럴 수가, 인어가 정말 있나 봐.

인어와 만난 썰 푼다!

믿기 어렵겠지만, 나는 진짜로 인어를 보았어요.
황금빛 머리카락을 흩날리며
신비한 목소리로 아름다운 노래를 불렀어요.
인어는 ○○○○에 숨어서 착한 사람의 보호를 받고 있답니다.

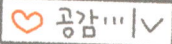 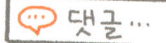

○○○　　진짜루? 거기가 어디예요?

○○○○　거짓말! 진짜 인어가 있다면 왜 세상에 공개하지 못하는데요?

　　　↳ ○○○ 나쁜 사람들이 인어를 훔쳐 갈 수 있으니까요.

인어는 실제로 있다 ㅋㅋ

인어는 환상 속의 동물로만 알고 있었습니다.
그러나 이제는 인어가 실제로 있다는 걸 알게 됐습니다.
왜냐고요? 제 두 눈으로 직접 봤으니까요.

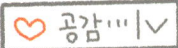 

○○○   이런 사람들이 자꾸 늘어나네?

○○   한두 명도 아니고, 정말일까?

인어를 구해줘!!

인어를 잡아먹으려는 나쁜 사람들이 있어요.
인어를 먹으면 영원히 죽지 않는다고 믿고 있어요.
그래서 인어가 세상에 나오지 못하는 거예요.

○○○   인어 식용 금지!

○○○   인어는 우리의 친구다!

드디어 결전의 날! 우리는 몽글몽글 동물 농장에서 보내 준 자원봉사단 버스를 타고 농장으로 향했다. 나는 긴장되었지만 빨간 내복이 담긴 가방을 가슴에 꼭 끌어안고 결의를 다졌다.
 '앞으로 우리에게 어떤 일이 일어나게 될까? 조금 두렵지만 용감한 코딱지 히어로인 나에게는 빨간 내복이 있다! 침착하자, 침착하자.'

 이윽고 버스는 몽글몽글 동물 농장에 도착했다. 농장 앞에서 동그리 주인아주머니가 반갑게 맞아 주셨다.

"어서 와라, 얘들아. 너희가 희주, 유식이, 공자구나. 정말 반가워!"

몽글몽글 동물 농장 →

동그리 아주머니는 동글동글 푸근한 인상에 온화한 미소를 띠고 우리의 이름을 한 명씩 불러 주셨다. 우리 역시 긴장을 풀고 큰 소리로 인사했다.

"아주머니, 안녕하세요!!!"

"오늘은 동물들이 사는 집을 청소하고, 먹이를 줄 거야. 너희들이 이렇게 도와준다고 하니 정말 고맙구나."

동그리 아주머니는 감사의 인사와 함께 농장에 대해 친절히 소개해 주셨다. 나는 단서가 될 만한 이야기가 있을까 싶어 토끼처럼 귀를 쫑긋 세우고 집중했다.

"우리 몽글몽글 동물 농장에는 땅에 사는 동물, 날아다니는 동물, 물에 사는 동물이 있단다."

우리는 설명을 듣고 바로 작업복으로 갈아입었다.

어쩜, 똥은 치워도 치워도 끝이 없었다. 치우는 동안에도 동물들이 계속 똥을 누는 것 같았다. 동물들에게는 쉬지 않고 똥을 누는 초능력이라도 있는 걸까?

한참 똥을 치우고 있는데, 아주머니가 콧노래를 부르며 수레를 끌고 오셨다. 수레에는 무언가가 잔뜩 쌓여 있었다.

짝짓기 퀴즈

동물들은 무엇을 먹고 살까요? 동물과 그 동물이 좋아하는 먹이를 올바르게 짝지어 보세요.

 토끼 ● ● 대나무

 판다 ● ● 풀, 당근

 뱀 ● ● 도토리, 나무열매

 다람쥐 ● ● 쥐, 두꺼비

동물은 먹이에 따라 초식 동물, 육식 동물로 나뉜단다.

그때 믿을 수 없는 광경이 눈앞에 펼쳐졌다.
우리는 마치 귀신을 본 것처럼 동시에 소리를 질렀다.
"토끼가 똥을 먹는다!"

하하하, 너무 놀라지 말렴. 토끼 말고도 다양한 초식 동물이 자기 똥을 먹어서 영양분을 얻기도 하거든!

왜 하필 똥…

맛은 있나?

으으으~

엄청난 충격이었지만 동물들이 맛있게 먹이를 먹는 모습을 보니 기분이 좋아졌다.

우적~ 우적~

인어에 대해 생각할 겨를도 없이 바쁜 하루가 지나갔다. 동물 농장 일은 생각한 것보다 더 힘들었다. 몸이 천근만근이어서 움직이기도 힘들었다. 그때 동그리 아주머니가 반가운 제안을 하셨다.

"애들아, 오늘 하루 고생이 많았어. 마음껏 먹으렴."

동그리 아주머니는 맛있는 간식을 준비해 주셨다. 한참을 허겁지겁 먹다 보니 어느덧 해가 저물어 가고 있었다. 그제야 잊고 있었던 게 떠올랐다. 우리가 동물 농장에 오게 된 이유 말이다!

'맞아, 인어!'

나는 정신을 차리고 아주머니에게 조심스럽게 여쭈어 보았다.

그런데 생각해 보니 오늘 연못에는 못 간 것 같아요. 이제 가 봐야 하지 않을까요?

하하하, 연못은 내가 따로 돌보고 있으니 걱정하지 않아도 된단다. 워낙 특별한 동물이라서. 물론 동물 농장의 모든 동물들은 내게 다 소중하지만 말이야.

결국 인어를 보지 못하고 집으로 돌아가는 길. 우리가 탄 버스는 똥 냄새로 가득 찬 것 같았다. 온몸에서 냄새가 나는 것 같아 찜찜했다.

"결국 인어 찾는 건 실패야."

나는 하루 종일 동물을 돌보느라 지쳐 있었다. 하지만 동물에 대해 많이 알게 된 것 같아 기분은 좋았다.

그때 공자가 엉뚱한 소리를 했다.

 희주는 인어를 찾기 위해서라도 꼭 《인어공주》를 읽어야 한다고 다그쳤고, 공자는 마지못해 그러겠다고 대답했다.

 그리고 그날 저녁, 공자는 운명처럼 인어공주 이야기에 푹 빠지게 된다.

오늘 하루 열심히 몽그리 자원봉사를 했더니 저녁밥이 꿀맛이다. 가족들에게 봉사 활동에서 했던 일들을 이야기하니 멋지다고 칭찬해 주었다. 어깨가 으쓱해졌다.

그날 밤 나는 눕자마자 잠이 들었다. 그리고 이상한 꿈을 꾸었다. 꿈에서 나는 인어가 되어 있었다. 그런데 공자가 말한 인어를 상상해서 그런지 머리가 물고기인 괴상한 모습이었다.

나는 수척해진 얼굴로 학교에 갔다. 꿈 때문인지 몸에서 비린내가 나는 것 같았다. 등굣길에 만난 희주와 공자도 나만큼이나 피곤해 보였다.

교실에 도착하자 아이들이 한곳에 모여 있었다. 얼핏 '인어'라는 단어가 들렸다. 우리는 깜짝 놀라 아이들에게 다가갔다.

아이들은 어제 〈세상의 저런 일이〉라는 TV 프로그램에 인어가 사는 동물 농장 예고편이 나왔다고 했다. 어깨 너머로 보니, 우리가 자원봉사를 했던 몽글몽글 동물 농장이었다.

"아니 저곳은! 진짜 인어가 있다고?"

깜짝 놀란 우리는 서로 쳐다보았다.

누구나 아름답고 신비로운 인어공주 이야기를 알고 있을 겁니다. 실제로도 인어가 있다면, 믿으시겠습니까? 저희는 이곳 몽글몽글 동물 농장에 인어가 있다는 소문을 듣고 찾아왔습니다.

세상에 저런일이

몽글몽글 동물 농장 ➡

이 세상에는 신비한 일들이 참 많아요. 자신의 눈으로 직접 봐야만 믿는 사람들이 있지요. 그래서 저도 인어를 공개하기로 했어요. 저는 거짓말쟁이가 아니랍니다.

우리가 아는 바로 그 동그리 아주머니였다. 봉사활동을 갔을 때, 연못을 제대로 살피지 못했던 게 아쉬웠다. 친구들은 김치곤을 둘러싸고 인어에 대해 물었고, 김치곤은 의기양양해서 침을 튀겨 가며 인어의 모습을 설명했다.

나는 용기를 내 동그리 아주머니에게 연락해 보았다.

안녕하세요, 아주머니! 방송 예고편을 봤어요. 정말 인어가 있나요? 저희가 혹시 도울 일은 없을까요?

어머 유식아 안녕? 방송 봤구나. 그래, 방송국에서 농장을 촬영하기로 해서 준비할 게 많네. 농장 일손이 부족해서 그러는데 도와줄 수 있겠니?

솔직히 조금 걱정이 돼. 인어의 눈을 보면 저주에 걸린다고 하잖아. 인어가 방송되면 텔레비전 보던 사람들 모두 저주에 걸리는 게 아닐까?

아니! 그럴 리 없어. 안심해.

에이~ 설마!

인어 공주님은 너무나도 착한 마음씨를 가졌다고! 저주? 절대 그럴 리 없어!

좀… 과하다.

책을 괜히 빌려줬나…

드디어 인어를 공개하는 날! 동물 농장에 많은 사람들이 몰려왔다. 우리 가족과 희주네 가족, 공자네 가족, 동네 사람들, 에 선생님까지 모두 인어를 보러 왔다. 우리 반 아이들은 선글라스, 물안경, 헬멧을 쓰고 있었다. 인어의 눈을 보지 않기 위해서라나?

그런데 이번에 우리가 몽글몽글 동물 농장에서 하는 일은 조금 이상했다. 희주와 공자와 함께 동물 관련 용품을 팔아야 했다. 동물들을 돌보기에도 바쁘다고 하셨는데, 동물들은 괜찮은 걸까? 똥은 누가 치우지?

〈세상에 저런 일이〉와 〈TV 동물 왕국〉, 〈그것이 알고 싶지?〉 등 여러 방송국에서 도착했다. 수십 대의 카메라가 설치되고, 방송 진행자들이 바쁘게 움직였다.

드디어 동그리 아주머니가 나타났다. 평소처럼 수수한 작업복 차림이었다. 떠들썩하던 사람들이 순식간에 조용해졌다.

그동안 인어를 숨겼던 건 인어를 훔쳐 가려는 사람들 때문이었습니다. 그러나 이제 용기를 냈습니다. 인어를 당당히 공개해서 안전하게 보호받기로 결심했습니다.

동그리 아주머니는 인어를 공개하겠다며 연못 근처 오두막으로 들어갔다. 잠시 후 믿을 수 없는 일이 벌어졌다.

나는 서둘러 오두막 안으로 뛰어 들어갔다. 그곳에는 아쿠아리움처럼 아주 커다란 수족관이 있었다. 그런데 물만 가득 차 있고 아무것도 없었다.

삐뽀, 삐뽀, 삐뽀. 긴급히 경찰차가 도착했고, 오금순 형사 아저씨가 오두막으로 들어왔다. 아저씨는 우리를 발견하고는 눈을 동그랗게 떴다.

"그나저나 너희들 또 만났네. 왜 사건 현장마다 너희들이 있는 것 같지?"

"이번에 저희는 몽글몽글 동물 농장의 몽그리 자원봉사원이거든요!"

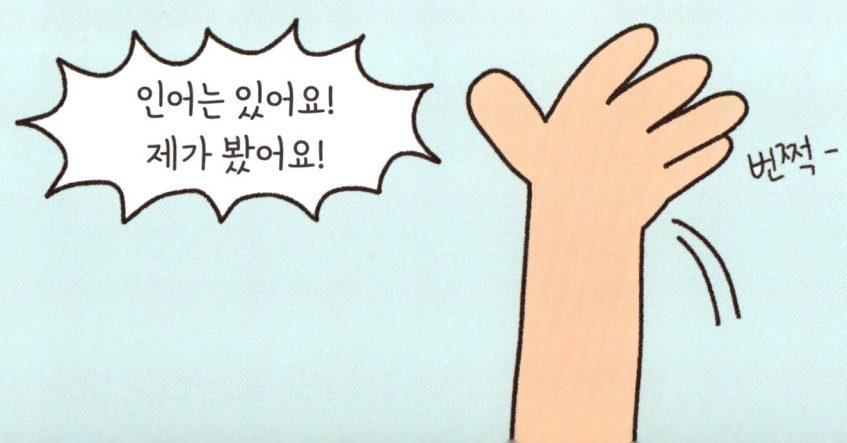

김치곤이 손을 번쩍 들고 큰 소리로 외쳤다. 주위에 있던 모든 사람들이 김치곤을 쳐다보았다.

"얘, 네가 직접 본 거야? 어디서 본 거니?"

"인어는 우리가 알고 있는 그 모습이었니?"

"거짓말 아니지? 우리랑 인터뷰 좀 해 줄래?"

여러 방송국에서 김치곤에게 관심을 보이며 질문하기 시작했다. 인터뷰 요청도 끊이지 않았다.

그날 저녁, 텔레비전 뉴스마다 온통 김치곤의 인터뷰가 가득했다. 다음 날 학교에 갔을 때 김치곤은 전교생에게 스타가 되어 있었다. 교실로 수많은 친구들이 몰려와 너도나도 인어 이야기를 묻느라 소란스러웠다.

김치곤은 자신에게 쏠린 관심이 행복한 듯 떵떵거렸다. 그런데 우리는 생각할수록 김치곤이 수상했다.

저는 인어를 찾아다니느라 농장 동물들을 돌볼 여유가 없어요. 흑흑흑, 제발 불쌍한 우리 동물 친구들이 굶주리지 않게 도와주세요. 인간에게 또다시 버림받는 일이 없도록 도와주세요. 흑흑.

동그리 아주머니는 여러 방송국 인터뷰를 자처하며 도움을 청했고, 국민들의 관심은 나날이 높아졌다. 몽글몽글 동물 농장에는 매일같이 거액의 후원금이 들어왔고 하루에도 엄청나게 많은 기부 물품이 전국에서 배달되었다. 동물 농장 입구에는 항상 구호 물품이 산더미처럼 쌓였다.

우리 반 친구들도 기부에 동참했고 나 역시 용돈을 탈탈 털어 기부했다.

가로

① 애벌레가 어른 곤충으로 자라기 전에 거치는 단계야. 고치 속에 들어가 있지.
② 코딱지 히어로로, 이 책의 주인공 이름이야.
③ 새와 곤충은 날아다니는 동물이라 이것을 가지고 있어.
④ 오금순 아저씨의 직업이야. 범인을 잡는 일을 해.
⑤ 재해나 재난으로 어려움에 처한 생명을 도와주는 일이야.
⑥ 닭이 알을 낳으면 알에서 이것이 깨고 나와 다시 닭으로 자라.

세로

❶ 짝짓기를 통해 동물의 수가 늘어서 많이 퍼지는 거야.
❷ 다양한 특징을 가지는 동물을 분류할 때 이것을 적당하게 세워야 해.
❸ 금붕어의 몸은 이 형태로 되어 있어.
❹ 올챙이는 자라서 이것으로 변해.
❺ 인어는 이것의 몸에 물고기 꼬리가 달린 거야.
❻ 물고기는 이것으로 물을 빨아들여 숨을 쉬어.

동물들도 잠든 깊은 밤, 나는 동물의 초능력을 이용해 농장으로 들어갔다. 내 콧구멍 속에서 코딱지 같은 별똥별이 반짝거렸다. 동물의 특징에 대해 공부한 덕분에 다리가 네 개 생기면서 빛처럼 달려 농장에 도착!

새의 날개가 생겨 드론처럼 농장 위를 돌아다녔다. 토끼의 귀로 멀리서 나는 소리도 잘 들었고, 고양이 눈으로 깜깜한 어둠 속에서 잘 볼 수 있게 되었다.

> 동그리 아주머니가 가지 못하게 했던 연못이 아무래도 수상해. 그곳부터 가 보자!

세상에……. 연못은 이끼가 잔뜩 끼어 있어서 썩은 냄새가 진동했다.

이게 다 쓰레기야?

윽! 냄새!

"물고기도 다 죽어 있잖아! 물속의 오염된 물질은 물고기의 아가미를 망가뜨려. 그러면 아가미를 통한 산소 교환이 제대로 이루어지지 않아 호흡이 힘들어지지. 이런 곳에서는 물고기뿐만 아니라 그 어떤 생물도 살 수 없다고! 잠깐, 그러고 보니 연못 근처 오두막에 인어가 있다고 했는데!"

그때 끙끙 앓는 듯한 소리가 귓가에 맴돌았다.

나는 소리가 희미하게 들리는 방향을 쳐다보았다. 그곳에는 뜻밖에도 창고가 있었다. 창고 앞으로 여러 동물들의 발자국이 어지럽게 찍혀 있었다. 창고 안에서 무슨 일이 벌어지고 있는 게 틀림없었다. 살금살금 걸어가 창고 문을 조심히 열었다.

충격에 빠진 채 농장 밖으로 발걸음을 옮겼다. 그때 기분이 이상해 뒤를 돌아보니 어둠 속에서 오두막이 희미하게 보였다.

조심스럽게 문을 열고 들어가 보았다. 커다란 수족관에 무언가 보였다.

긴장감과 설렘에 심장이 콩닥거렸다. 인어의 앞모습을 보기 위해 수족관 가까이 다가간 순간, 끔찍한 광경에 소리를 지르고 말았다.

인어는 가짜였어!
저건 원숭이 같은데?

다음 날 희주와 공자에게 어젯밤 알게 된 충격적인 사실을 들려줬다. 물론 내가 빨간 내복의 코딱지 히어로라는 건 빼고.

초능력 수첩

유식이는 희주가 말한 '애니멀 호더'에 대해 자세히 알아 보았어요. 유식이의 정리 노트에서 네모 안에 들어갈 낱말을 채워 주세요.

애니멀 호더란 동물(애니멀: Animal)과 ☐☐☐하는 사람(호더: Hoardor)의 합성어로, 동물을 잘 돌보고 기르는 것이 아니라 동물의 수만 늘리려는 사람들을 이르는 말이다.

 내가 공자의 의심쩍은 눈빛에 난감해하고 있을 때 희주가 말했다.
 "얘들아, 잠깐! 검색해 보니까 이런 일을 도와주는 동물 보호 단체가 있대. 마침 우리 학교 근처에 있네."
 똑똑한 희주 덕분에 우리는 학교가 끝나고 함께 찾아가 보기로 했다.

우리는 몽글몽글 농장에서 몽그리 봉사 활동을 했던 일과 지나치게 똥이 많았던 일을 이야기했다.

아저씨는 심각한 표정으로 직접 현장에 가서 확인해 보겠다고 하셨다.

"와, 그럼 저희도 함께 가도 될까요? 이래 봬도 농장에서 몽그리 자원봉사를 해서 구석구석 위치를 잘 알고 있거든요! 저희가 도와드릴 수 있어요."

우리는 동물 보호 단체와 함께 몽글몽글 동물농장에 도착했다. 방송에 나온 후부터 농장에는 먼 곳에서 온 관람객도 많았다.

"이 농장에 많은 동물들이 힘들어하고 있다고 해요. 신고를 받은 이상 건강 상태를 살펴봐야겠어요"

보호 단체 아저씨는 수첩을 들고 농장 이곳저곳을 돌아다녔고 동그리 아주머니는 당황해했다.

"그럴 리가 없어요. 제가 동물을 얼마나 사랑하는데요."

며칠 뒤 저녁, 〈세상에 저런 일이〉에서는 몽글몽글 동물 농장을 집중 취재하는 방송이 나왔다.

여러분, 충격적인 소식을 전해 드립니다.
얼마 전 인어를 도둑맞은 사연으로 전 국민을 울린
농장 주인의 인터뷰 기억하십니까?
국민들은 농장 동물들을 위해 도움의 손길을 아끼지 않았지요.
그런데 알고 보니 농장 주인의 사기극으로 드러났습니다.
인어는 가짜였고, 좁고 비위생적인 공간에 많은 동물들이 굶주림에
시달리고, 아플 땐 케어도 받지 못한 채 방치되고 있었습니다.
이것이야말로 동물을 학대하는 행위······

분노에 찬 기자는 곧바로 동그리 아주머니를 인터뷰했다. 아주머니는 인터뷰 내내 후회의 눈물을 흘렸다.

방송이 나간 뒤 동그리 아주머니 대신 동물 보호 단체에서 농장 운영을 맡기로 했다고 한다.

그때 반장 김치곤이 쭈뼛대며 모습을 드러냈다.

이렇게 인어 도난 사건은 모두 해결된 걸까? 사실 나에게는 풀리지 않은 의문이 아직 하나 더 남아 있다. 지난번 인터뷰에서 아주머니가 '고양이를 안고 온 사람이 어쩌구 저쩌구' 했었다. 이 비밀의 열쇠를 푸는 것은 나 코딱지 히어로의 몫이겠지.

　생각해 보니 저번 사건에도 고양이랑 같이 온 남자가 있었다. 그 사람이 좀 수상하다.

"그런데 봉사 활동 재밌는 거 같지 않아?"

공자의 말에 희주와 나는 고개를 끄덕였다. 그렇다. 누군가를 돕는 건 기쁜 일이다.

퀴즈 정답

21쪽

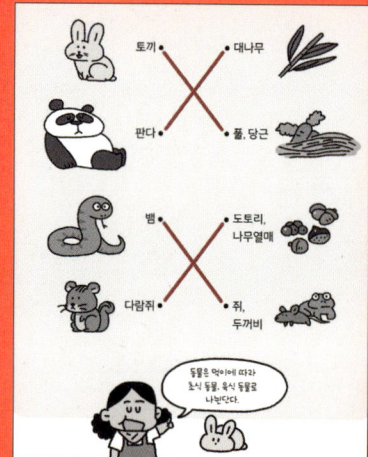

41쪽

48쪽

67쪽

68쪽

90쪽